ELOGE

HISTORIQUE

DE JEAN-BAPTISTE-ANTOINE-ROBERT

AUGET DE MONTYON.

On trouve aussi, chez les mêmes libraires, le *Discours sur la Civilisation*, par le même auteur, couronné en 1831, par l'Athénée des Arts, et le *Discours académique sur la Charité*, proposé par l'Institut.

PARIS, IMPRIMERIE DE PAUL DUPONT ET LAGUIONIE,
Rue de Grenelle-St-Honoré, N° 55.

ÉLOGE

HISTORIQUE

DE JEAN-BAPTISTE-ANTOINE-ROBERT

AUGET DE MONTYON.

Par B. VICTOR FRANKLIN, Avocat.

Iisdem temporibus optime æstimantur
virtutes quibus facillime gignuntur.
Tacite. *Vie d'Agricola.*

PARIS,

DELAUNAY, LIBRAIRE, PALAIS ROYAL;
BOHAIRE, ACQUÉREUR DU FONDS MONGIE,
BOULEVART DES ITALIENS, N° 10;
ET A LYON, MÊME MAISON DE COMMERCE,
RUE PUITS-GAILLOT, N° 9.

JUILLET 1834.

PRÉFACE.

Je donne au public l'éloge d'un homme
vertueux ; si cet écrit est digne de son sujet
il doit éminemment intéresser les amis des
lettres, de leur patrie et de l'humanité : ce
panégyrique, long-temps attendu, a été mis
au concours, il y a deux ans, par l'Académie
française. C'est un pieux quoique tardif
hommage qu'elle a voulu rendre à la mémoire d'un grand homme : mon discours
n'ayant point eu le prix, on pourra re-
garder comme une témérité de ma part
d'encourir la publicité sous des auspices si
peu favorables ; n'importe, c'est d'après l'o-
pinion même de Montesquieu, opinion qu'a

souvent confirmée l'expérience, que j'en appelle, en ce moment, de la rigoureuse sentence de ce tribunal littéraire, au tribunal suprême de la république des lettres, l'opinion générale.

Puissé-je avoir peint ce grand caractère, ce héros de la bienfaisance, avec autant de vérité qu'il s'est représenté lui-même par les traits naïfs et sublimes qu'il a mis à toutes ses œuvres !

ÉLOGE

HISTORIQUE

DE AUGET DE MONTYON.

ÉLOGE

HISTORIQUE

DE JEAN-BAPTISTE-ANTOINE-ROBERT

AUGET DE MONTYON.

> Iisdem temporibus optime æstimantur
> virtutes quibus facillime gignuntur.
> TACITE. *Vie d'Agricola.*

Tous les âges, ceux même les plus stériles en vertus, ont vu naître quelques hommes qui, par leurs talens joints à d'estimables qualités, l'emportèrent sur leurs contemporains et se firent admirer par leur sagesse; mais tous, malgré leur supériorité sur leur siècle, depuis les premiers sages d'Ionie jusqu'aux derniers sophistes connus, en portèrent l'originelle empreinte, autant que celle de leur propre génie : aussi que de prétendus sages, décorés par la

vanité publique du nom fastueux de philosophes, élevés jusqu'au rang des dieux par la faiblesse ou l'ignorance, qui, placés dans tout
autre temps, nés dans de plus heureux pays,
n'eussent point été remarqués! La grave anti-
quité, lorsqu'elle eut apprécié la sagesse, nous
montre l'estime qu'elle en fit par sa réserve
austère à décorer de ce nom les plus grands
hommes qui l'illustrèrent. L'antique Grèce, si
peuplée de philosophes, la Grèce si féconde en
grands hommes, n'osant avouer que sept sages,
parmi lesquels encore on découvre, dans la
patrie, l'aveugle indulgence d'une mère, nous
prouve combien fut rare en tous les temps la
race de ces hommes divins. L'ancienne Égypte,
avant la Grèce, rarement encensa les vivans :
pour juger ses plus illustres morts, elle atten-
dait avec raison le terme de leur carrière; alors,
sur les bords redoutables de la tombe, elle in-
terrogeait ainsi leur dépouille mortelle : « *Qui
que tu sois, rends compte à la patrie de tes
actions : qu'as-tu fait du temps et de la vie?
La loi t'interroge, la patrie t'écoute, la vérité*

te juge. » C'est sur ce prototype imposant que devraient être faits les éloges; alors la voix des orateurs serait celle de l'opinion publique, et l'hommage, au défaut d'autre mérite, aurait pour lui la vérité : dans cet esprit de justice, je vais tenter de reproduire l'image d'un homme de bien. Si j'employais un faux encens, j'en appelle à ses augustes mânes devant le tribunal illustre auquel je soumets cet écrit : ce n'est pas sans quelque défiance que j'aborde une telle matière. Ainsi que l'image des grâces, qu'y a-t-il de plus difficile à peindre que la vertu modeste et pure qui a fait sa constante étude de dérober ses plus beaux traits à l'admiration des hommes! Si je reste au dessous de ma tâche, les sentimens du moins qui me la font entreprendre me consoleront de ma chute.

PREMIÈRE PARTIE.

Avant de peindre ce caractère si antique et
si nouveau tout ensemble, essayons d'en esquis-
ser le plan. Je le prévois, il pourra paraître
étrange de vouloir diviser en deux parties l'histoire psycologique d'un grand homme; mais
M. de Montyon n'étant point dans la commune
catégorie de ces hommes éclairés, en qui la mé-
ditation absorbe la puissance active, nous le
suivrons d'abord dans le cours de sa vie privée
et de sa carrière publique, magistrat et homme
de bien, pour le considérer ensuite comme
libre penseur et écrivain philosophe. La raison de partager ainsi, ou plutôt de voir sous
un double aspect la physionomie de cet homme
rare, naît pour moi de la nécessité toute-puis-
sante que j'éprouve de m'étendre sur ses travaux littéraires pour mieux la saisir trait pour
trait. En effet, c'est dans ses écrits que cet

homme estimable est tout entier : là se trouve le secret de sa vie, là il semble respirer encore; et tandis que le souvenir de ses actions vertueuses, fatigant la faiblesse humaine du poids de la reconnaissance, passera un jour oublié par la froideur et l'inconstance, ses ouvrages, où brillent en relief des vertus prêchant d'autorité et d'exemple, éterniseront sa mémoire.

Si du sein d'un siècle de lumière et de corruption, au milieu des séductions de la grandeur et des écueils de la richesse, appelé à ces éminens emplois qui, aiguisant la vanité, fomentent sourdement l'ambition et semblent autoriser les passions à ne courir qu'après la gloire, je montrais, au début de sa carrière, et toujours en ennoblissant le cours, un mortel qui n'aurait pris à son siècle que ses lumières et ses vertus, capable de soutenir le parallèle avec les héros des temps les plus féconds en grands hommes, ne serait-ce pas le plus noble éloge que je pusse faire du sage dont je voudrais tracer l'histoire? Ne serait-ce pas le plus

digne hommage que je pusse rendre moi-même
au vrai mérite et à la vertu ? Tel fut J.-B.-A.-R.
Auget de Montyon, fils d'un maître des comp-
tes, possesseur d'une grande fortune. Après
avoir fait au collége ses études, et recueilli sans
partage les palmes de la rhétorique, son esprit
grave et sûr le livra avec une noble ardeur à
l'étude austère des lois : à 22 ans, en 1755,
il fut nommé avocat du roi au Châtelet. A cet
âge où la vie de l'homme, en proie aux illu-
sions des sens, ne lui offre ordinairement que
des combats à soutenir et des écueils à éviter;
à cet âge où l'inexpérience, compagne de la
vanité, l'égare d'erreurs en erreurs, il vint
s'asseoir à cette place où le talent dans
Malesherbes avait exercé la vertu. Il ne vit, dans
ce remplacement si honorable et si difficile,
qu'un exemple à suivre et qu'une raison de
plus d'émulation à bien faire : organe des lois,
au milieu des séductions et des intrigues auxquelles l'exposaient sans relâche les mœurs
licencieuses de son siècle et le pernicieux
exemple d'un gouvernement corrupteur et sans

énergie, il fut juste et bienfaisant, magistrat
intègre et honnête homme, sachant concilier
ensemble ses nombreux devoirs et l'humanité.
De ce premier emploi vers les plus éminens de
la magistrature, il fut promu au ministère de
conseiller au grand conseil; et, par une faveur
spéciale du roi, bien justifiée par son mérite,
à 27 ans il est nommé maître des requêtes,
lorsque la loi exigeait 31 ans pour être jugé
digne d'occuper cette place. Ces nouvelles attri-
butions l'appelèrent au conseil d'état pour la
législation des colonies françaises. Bientôt, dans
cette carrière de magistrat, où il parcourt si
vite et si glorieusement les grades, il est chargé,
sous le patronage de M. de Malesherbes, des
affaires de la librairie : destinée singulière, qui
semblait l'attacher aux destinées du génie bienfaisant d'un tel homme ! En le mettant tour-à-
tour à sa place ou sous son autorité, c'était
une douce lumière dirigeant ses naissantes et
naïves vertus dans le champ des vertus mûries
par l'expérience. Cette sphère nouvelle de travaux, ouvrant tout à coup une carrière nou-

velle à ses pensées, donna un élan prodigieux à cet esprit sage et modeste, dont une défiance naturelle, modérant l'heureuse activité, dérobait aux regards la partie la plus vive et la plus séduisante : là, ses rapports habituels avec les gens de lettres, où il montrait un zèle et une aménité rares, firent éclater en lui des connaissances aussi variées qu'un jugement juste et prompt, qu'un amour éclairé des sciences et des vrais savans. Une circonstance naturelle de paraître tel à leurs yeux devait bientôt naître pour lui.

Depuis long-temps ce n'était plus seulement le règne du *bon plaisir*, c'était aussi celui des penseurs et des philosophes; mais, par un bien triste contraste, ce siècle de la philosophie et des lettres, qui seules en effet commandaient à l'opinion publique, était toujours celui des vices, des erreurs et des préjugés. Dès long-temps une guerre ouverte, un combat à mort s'engageait entre des élémens bien divers, les vieilles idées et les nouvelles : le souffle de l'inquisition planait toujours sur la France ; si on ne brûlait plus les auteurs, la Sorbonne, sans pudeur, anathématisait et brûlait encore leurs livres : et, en contraignant par là leur prudence à les faire imprimer à l'étranger, on en provoquait la contrebande ; ainsi la raison prohibée entrait en fraude dans Paris, tant cette vieille et hideuse rouille des anciens temps, l'intolérance du fanatisme, qui toujours avait dévoré le corps social, était opiniâtrément défendue par les membres viciés qu'elle allait bientôt détruire. Le patriarche de Fernay, le véritable roi de la lutte, Voltaire, M. de Montyon l'avait connu à Paris, dans ces cercles littéraires où, comme aux temps des Periclès et des Aspasie, les plus grands hommes payaient alors leur tribut de petitesses aux exigences du temps, et où le vieillard moqueur se plaisait à se délasser le soir de ses travaux du jour, par les espiègles jeux d'un esprit toujours vif, caustique et piquant. Bien que depuis quelques années il fût retiré près de Genève, ce génie infatigable était présent partout et redouté : en ce moment il se trouvait

injustement poursuivi pour une affaire de contrebande en livres étrangers. Ayant su par
quelques voix amies que M. de Montyon devait faire le rapport de cette affaire au conseil,
il lui écrivit une lettre par laquelle il se félicite
d'apprendre qu'il doit être le juge d'une cause
où la justice et la vérité auront à triompher
des séductions de l'intrigue, et des perfides
trames qu'on ourdit contre lui, bien sûr que
la raison, jointe à l'intégrité d'un tel organe,
doit surmonter tous les obstacles. Le magistrat
bienveillant, près de faire ce rapport, et d'exposer son opinion sur une méprise injuste,
est subitement nommé à l'intendance d'Auvergne, sa patrie, et contraint de s'y rendre sans
délai. La lettre de cet illustre client, par elle-
même, n'ajoute rien sans doute aux inestima-
bles vertus du magistrat ; mais Voltaire, invo-
quant l'appui d'un tel patron, nous ouvre non
seulement un feuillet de plus de cette longue
vie, si brillante et si agitée, intéressant pour
nous comme tout ce qui tient à ce grand
homme ; mais encore quand on lit ces mots :

« C'est une grande consolation, que vous soyez
« le juge, etc., » ces paroles seules sont sur mon
héros un jugement, et ce jugement est un éloge.

M. de Montyon se rendit aussitôt à son intendance : ses lettres de nomination con-
tenaient cette phrase pressante : « *vu l'état*
« *critique où se trouve cette province.* » Ces
retentissantes paroles furent pour lui la loi
sainte du devoir. Mais, avant de le suivre
dans cette carrière nouvelle où il va obéir
pour apprendre à commander, avant de voir
cet habile administrateur conciliant les droits
de l'état avec les intérêts du peuple, en se
faisant estimer du prince et chérir de ses ad-
ministrés, arrêtons-nous un moment sur cette
belle et noble figure ; et si nous voulons bien
la connaître dans son ensemble, sondons son
ame dans la vie privée. Quelque estimable en
effet que nous l'ayons déjà vu, quelque grand
qu'il doive nous apparaître dans le cours me-
suré de sa carrière publique, combien plus
sublime à nos yeux il va se laisser voir encore
sous le modeste voile de l'existence indivi-

duelle. La vie publique d'un magistrat, bien qu'elle soit vulgairement considérée comme la part de son être la plus haute par son importance, est bien loin cependant d'offrir le côté le plus digne des recherches et des méditations du sage. Qui ignore en effet que, dans un cœur droit et dans un esprit juste, l'honneur seul, l'amour de la gloire, l'ambition, quelquefois même une passion moins noble, la vanité, peuvent élever un homme au niveau de son ministère, et le rendre par-là digne de le remplir; tandisque dans la vie personnelle, où l'homme s'appartient tout entier, ou, s'il n'échappe point à la censure, du moins il ne dépend que des lois, s'il se montre envers ses semblables toujours juste, bienveillant, toujours droit, humain, charitable; si, de cette existence obscure, il décore sa vie publique, à quel prix ne méritera-t-il pas qu'on l'estime? Ici ce n'est plus l'homme public qui ennoblit l'homme privé! l'homme privé, se haussant sur lui-même, élève à lui l'homme public; que dis-je, il *l'absorbe* tout entier, ou plutôt, ces deux existences unies et confondues ensemble, c'est un être inconnu qui apparaît; il n'a plus de nom sur la terre; parmi les mortels, c'est un dieu.

Tel nous allons voir ce nouveau sage dont la vie appartient à deux siècles : en effet le dix-huitième et le dix-neuvième ont à revendiquer une double gloire, l'un celle de l'avoir vu naître, l'autre de l'avoir vu mourir ; je laisse à d'autres à décider quel fut le plus beau partage, et si cette vie si longue et si pleine l'emporta sur sa fin sublime. Cet homme rare, un génie céleste habitait en lui, c'était celui de l'humanité : la nature, libérale envers les hommes, lors même qu'elle leur paraît ingrate, avait doué celui-ci des plus nobles qualités du cœur, source iné-puisable où s'alimentaient sans cesse toutes les facultés de son être. En naissant il éprouva le penchant irrésistible et si doux d'aimer et d'être aimé, et il aima les hommes ; grand dès qu'il sut réfléchir, il ne connut d'autre besoin que celui de leur être utile ; un ferment de géné-rosité animait et remplissait cette ame active, qui, portée naturellement à se répandre au

dehors, devait se livrer à elle-même des combats continuels, étant retenue par cette rare
passion d'obscurité qui la guidait toujours à
faire le bien sans être connue : aussi, dans toute
la vigueur de l'âge, M. de Montyon n'en éprouva point d'autre que celle de la bienfaisance et
l'amour de l'humanité. A peine maître de sa
fortune, il embellissait tour à tour la vertu par
le talent, et le talent par la vertu; il consacrait
annuellement sur ses revenus 20,000 pour les
pauvres; et toujours dans le silence il réglait
et administrait ses dépenses. Il inscrivait chacune à sa date et à son rang, et sans désignation
qui pût trahir son secret : seulement un hiéro-
glyphe, muet pour tout autre que lui-même,
indiquait à la marge ses belles actions. O Montyon, homme divin, puis-je taire qu'en acceptant le gouvernement d'une province, un plus
grand cercle de charité ouvert à ta bienfaisance
put à peine te consoler de la liberté si délicate
et si douce que tu avais eue jusqu'alors de la
dérober à l'éclat du jour?

Son arrivée dans sa patrie, qu'avait précédée

déjà la renommée d'un si beau nom, ressem-
blait moins à la prise de possession d'un intendant de province, qu'à l'arrivée d'un monarque
adoré, qui rentre dans ses états, sans l'appareil
de cette pompe fastueuse qui aurait offusqué
ses goûts ; ou plutôt c'était Aristide rendu aux
vœux d'Athènes, après un long exil; et ce n'est
pas l'unique similitude que nous offre la vie
publique de ces deux grands hommes. Si Aristide, dans la taxe qu'il lève à Athènes pour
soutenir les guerres glorieuses de Marathon,
de Salamine et de Platée, fit donner à son administration le beau nom de siècle d'or, Montyon, dans son gouvernement provincial, que
devançait déjà la reconnaissance de ses conci-
toyens (tant cette vertu est naturelle aux bons
habitans des provinces, lorsqu'ils n'ont point
encore été gâtés par les vices des capitales et de
la cour), méritera par ses éminents services, une
qualification aussi flatteuse ; et afin de poursuivre la comparaison jusqu'au dernier terme,
si, comme le héros athénien, Montyon n'aura
point la gloire de mourir dans cette pauvreté

vertueuse, il aura celle, plus belle et plus rare encore, d'augmenter, par l'ordre et la privation, sa richesse, afin de la léguer un jour à l'infortune, au vrai mérite et à la vertu.

Impatient de faire le bien, son cœur n'avait point attendu qu'il se rendît aux lieux où l'appelait la confiance du roi, et les vœux du pays, pour y faire sentir son influence. Apeine nommé, et avant de partir pour l'Auvergne, il s'était fait précéder par des bienfaits, en donnant la mission à son ami Turgot, intendant alors de la province limitrophe du Limousin, d'être le dispensateur de sommes considérables qu'il envoyait comme préludes aux pauvres, ses compatriotes, dont, par une faveur providencielle, il devait désormais être le père.

Tel qu'un généreux conquérant qui, venant à se fixer dans une province soumise nouvellement à son empire, s'instruirait par des recherches profondes de la nature et des besoins du pays, afin d'apporter de toutes parts cet esprit vivifiant et réparateur d'ordre et de justice, Montyon, réunissant à la plus haute idée de ses devoirs l'amour le plus pur du philantrope, fait briller, dans sa carrière nouvelle, ce génie bienfaisant d'un administrateur habile. Les diverses qualités du sol, les vices, les ressources du climat, les mœurs des habitans, leurs droits et leurs besoins, tout est approfondi, et rien n'échappe à sa sagacité. Depuis long-temps, il a étudié tous les élémens divers qui composent le corps social, en en saisissant et analysant les parties, afin de pouvoir en faire un jour l'application à quelque gouvernement de province. La juste appréciation de l'impôt sur le revenu des terres, l'équitable répartition dans les fonds de dégrèvement, les travaux publics à entreprendre, les améliorations à opérer dans toutes les branches du service, en faisant naître à la fois le zèle, l'émulation et la confiance, tout surgit sous ses infatigables efforts, et semble obéir à sa voix : tour à tour c'est un père qui commande à une grande famille, tour à tour un magistrat impartial qui distribue la justice avec noblesse et fermeté ; mérite d'autant plus digne d'éloges que, dans un siècle malheureux,

où les charges publiques étant presque intégra-
lement assises sur la tête du pauvre, il devait
rencontrer dans le privilége et la richesse des
entraves continuelles à ses justes répartitions
financières.

Cependant, pour mieux s'assurer de lui, il
semblait que la providence voulût exercer sa
vertu. Un fléau, d'autant plus formidable, que
le temps, loin d'y apporter un remède, tend à
accroître son intensité, la famine, faisait sentir
ses fureurs dans ce pays désolé, dans ces montagnes jadis patrie malheureuse des volcans,
et dont la stérilité, offrant une retraite inexpug-
nable à ce nouveau fléau, augmentait, pour le
philosophe, sa peine présente de tous les sou-
venirs des anciens temps : la récolte avait péri
sur le sol, et le blé-seigle, nourriture ordinaire
des habitans, était à un prix si élevé, qu'au
riche seul il était permis de vivre. Au milieu
des plus horribles angoisses des pères et des
mères de famille, la vue de leur misère le sai-
sit à la gorge, et son généreux cœur, sondant
de toutes parts la détresse publique, donnait

ou consolait; mais son zèle de charité, plus fort que le malheur, lui laissait néanmoins, comme aux grandes ames, toute sa puissance d'action et de courage. Nuit et jour il méditait sans relâche, se livrant aux abstractions des-séchantes du calcul, pour découvrir une voie prompte et sûre afin d'amener une baisse géné-rale; et lorsqu'il crut avoir trouvé la cause et le remède du mal, se sentant en défiance de lui-même, il vole vers Limoges, pour soumettre à son ami Turgot le produit de ses méditations cu-ratrices. Turgot! que je contemple un moment cet autre sage! combien sa haute vertu va s'éle-ver encore, unie à la rare vertu de Montyon!... Combien ces augustes images brilleront dans cette perspective de ce feu tout céleste qui échauffa leurs ames!.... Sûr de la sollicitude de son ami, comme de la sienne, sur les mal-heurs publics (car les nobles cœurs s'entendent et se devinent toujours), M. de Montyon, avant d'exposer sa découverte, lui demande quel beaume salutaire son esprit calculateur apporte à la détresse publique. Turgot expose des moyens qui paraissent hasardeux, en ce qu'ils livrent la baisse du prix de la denrée aux chances de la probité des personnes auxquelles il confie le plan et l'exécution des approvisionnemens de grains. Montyon signale sa crainte et le danger; il voit le principe du mal dans l'avare cupidité de ces hommes odieux et sans entrailles, connus sous le nom d'accapareurs, qui, comme ces insectes vénimeux nés de la fange et se repaissant de sang, puisent dans la misère publique une source de félicité. Qu'ai-je dit de félicité! en est-il pour des êtres abjects et dépravés, se livrant aux plus honteux trafics afin d'affamer la multitude? O conscience! tes remords rongeants ne sont-ils rien poureux?... Aussitôt l'intendant d'Auvergne montre l'expédient qu'il a trouvé: et si le vénérable Vincent de Paul se fit galérien par vertu, Montyon veut se faire accapareur par charité.

« J'ai remis, dit-il alors à Turgot, des sommes
« considérables à des hommes sûrs et dévoués :
« je les ai chargés de faire en grains des achats
« considérables; ils seront de retour incessam-

« ment; j'aurai à l'avance l'avis secret de leur
« arrivée; je ferai savoir alors, sans affectation,
« aux accapareurs, que je connais parfaitement,
« que la province va bientôt regorger de blé,
« et qu'il y aura dans le prix une baisse énorme
« et subite : effrayés, ils se hâteront de vendre,
« et c'est alors que l'abondance renaîtra vérita-
« blement. » Ah! mon ami, que je vous embrasse! s'écria Turgot; vous êtes un magicien
et je me servirai de votre baguette. Il s'en servit
en effet : ces procédés ingénieux furent suivis
d'un plein succès, et quelles sources vives et
fécondes jaillirent alors du rocher frappé par des
mains si puissantes!

Combien l'entrevue de ces deux hommes, méditant sur les maux de leurs semblables, intéresse
et touche autrement que la rencontre tant citée
des plus grands héros des temps antiques! Que
sont Scipion et Annibal discutant, sous les murs
de Carthage, sur la paix et sur la guerre, et faisant
dépendre de leur gloire le sort et la destinée du
monde? Qu'ils sont petits aux yeux du sage, devant ces deux modestes et obscures grandeurs!

Néanmoins, son inépuisable charité ne se bornait point à donner aux pauvres : elle sentait qu'une aumône, lors même qu'elle n'est point avilissante pour celui qui la reçoit, si elle est distribuée sans sagesse, fomente et accroît la misère, par les vices qu'elle alimente, la paresse et l'oisiveté. Aussi, tant que dura la disette, il confiait aux mains de l'indigence les travaux d'assainissement et d'embellissement des villes ; il posait les fondemens d'un quai aux bords de la Vire, afin d'opposer une digue au débordement de ses eaux. Ailleurs régnait la même activité : mais ce n'était pas seulement sur la population des villes qu'agissait sa prévoyance, elle s'étendait encore sur la chaumière de l'habitant des campagnes que la famine oppressait. Et sentant, dans un si grand désastre, l'inutilité d'une bienfaisance bornée à sa fortune privée et aux secours des fonds publics dont il était le dispensateur, il voulut, par une rivalité de bienfaits, associer à la sienne la charité publique, en proposant aux notables d'Aurillac un plan de contributions en argent. Soudain, pour faire naître une noble émulation, le premier il met à la masse une somme de 4,000 fr., puisée dans la caisse des pauvres; n'exige de ses rivaux en bienfaisance que la moitié de cette somme et ajoute sur ses propres revenus le dixième de toute la collecte. Cet argent devait être employé à des achats de grains, pour en fournir la semence aux cultivateurs qui en manquaient, à la condition formelle de le rendre après la moisson. C'est ainsi que sa prévoyance, embrassant l'avenir dans le présent, faisait naître de toutes parts des ressources, tant elle savait à propos puiser dans le trésor public des secours pour les malheurs privés; et en favorisant par là l'agriculture, elle rendait le courage, le travail et l'existence à l'homme des champs, et assurait à l'état les moyens de remplir ses trésors l'année suivante. Ainsi, tout en soulageant le malheur, loin de frustrer la fortune publique, elle plaçait doublement ses fonds à intérêt.

Cependant ce n'était point dans les sommités sociales, dans l'exemple du prince et de ceux qui, sous son autorité, dirigeaient le vaisseau de l'état, que cet administrateur clairvoyant puisait et recevait la lumière : le divin rayon qui guidait sa sagesse ne descendait point du haut du trône. Depuis la paix de 1763, la France, avec sa gloire, avait perdu sa richesse, et la cour n'en continuait pas moins les désordres de sa magnificence. Le prince, humilié par l'étranger, livré à la bassesse de ses lâches courtisans, oublieux de tout et de lui-même, s'occupait bien plus de ses plaisirs que des intérêts de son royaume. C'était le temps où le chancelier Maupeou, homme aussi abject qu'ambitieux, protégé de la plus honteuse favorite, soutenu par de trop coupables ministres, venait d'obtenir la dissolution du parlement; ce fut alors qu'ayant besoin d'agens nouveaux et dévoués à sa cause, il fit proposer à M. de Montyon une place de président. Un homme de ce siècle de bassesses et d'intrigues eût pu facilement réunir sur sa tête les deux premiers emplois de la magistrature administrative et judiciaire : l'intendant de l'Auvergne rejeta avec une hum-

ble fierté la dignité nouvelle offerte à son mérite, faisant voir, par ce vertueux refus, combien
il était digne de la remplir; et s'il n'imita point
alors la ferme, l'héroïque conduite de Lamoi-
gnon de Malesherbes, dont la libre et noble éloquence hautement montrait au monarque par
quels excès d'autorité il foulait indignement aux
pieds les droits publics de la France, c'est qu'il
en prévoyait l'effet; mais son cœur généreux
applaudit à ce cri.

M. de Montyon se rendit néanmoins à Paris :
mais, malgré les instances du ministre, il per-
sista dans ses refus. Pendant cette absence, sa
pensée était toujours présente en Auvergne, et,
sous cette influence, les affaires administrati-
ves suivaient leur paisible cours; il n'en fut
point ainsi des travaux publics qu'il avait fait
entreprendre : la nouvelle de son départ ayant
fait craindre aux habitans le malheur de son
changement, un effroi et un abattement sou-
dains avaient saisi toutes les ames et paralysé le
zèle des principaux fonctionnaires qui, sous ses
auspices, réglaient et dirigeaient la main-d'œu-

vre. Il existe des lettres qui lui furent alors adressées par les notables du pays, où éclatent tout à la fois les alarmes des signataires et leur admiration de ses vertus. « La crainte de vous perdre, « lui disaient-ils, produit un tel découragement « sur les esprits, que les supérieurs de ces tra- « vaux n'ont plus la force de commander, que « les pauvres en gémissent d'avance, et que « toutes les villes où ils sont établis sont dans « la plus grande consternation. » Enfin, lorsque les promenades qu'il faisait établir à Aurillac et à Mauriac furent terminées, ces deux villes, par une communauté de sentimens, sollicitèrent spontanément la faveur de leur donner le nom de ce bienfaiteur de l'humanité. Il répondit à ce pieux hommage avec l'accent de la plus touchante modestie, paraissant bien plus flatté du vœu lui-même que de son exécution, parfois fragile et vaine, et qui souvent atteste moins le mérite que l'amour-propre de ceux qu'elle veut décorer. Malgré tous ses désirs de répondre par de nouveaux services à la confiance de cette population reconnaissante, en-

continuant son séjour au milieu d'elle, obsédé
par les nouvelles instances de l'abbé Terray, il ne
put résister plus long-temps à cette obséquieuse
volonté. Ce ministre, impatient de posséder en
Auvergne un homme d'une facile conscience et
tout dévoué à la cause des nouveaux parlemens,
redoutait cet inflexible caractère: il employa alors
pour le réduire les moyens les plus vulgaires, et
pourtant ceux qui toujours ont la plus grande
prise sur les hommes, la flatterie, en lui faisant
habilement insinuer que l'intendance de l'Auvergne était au dessous de son mérite. La flatterie !
Montyon aussi pouvait donc être sensible à son
fallacieux langage ? Non sans doute: il connaissait trop bien les hommes pour être dupe de
leurs caresses, et, en acceptant une nouvelle
province plus étendue que celle d'Auvergne,
il fut au dessus de lui-même; il immola au devoir ses affections les plus intimes, et obéit au
roi pour servir sa patrie. Par les ordres de sa
majesté, le ministre lui assurait le premier
gouvernement qui vaquerait dans l'une des
principales villes de la France.

O Montyon ! âme généreuse, permets-moi de mêler ici mes larmes à celles que tu fais répandre, à celles qui coulent de tes yeux ! Tous ces naïfs montagnards à qui tu rendais la justice, tous ces pauvres que tu comblais de biens, je les vois encore en idée tous pressés autour de toi, te faire leurs adieux par leurs gémissemens et leurs soupirs : tu vas les fuir, homme vénérable ; mais ton nom et ta gloire vivront à jamais parmi eux !

En effet, la tristesse de l'habitant des villes et des campagnes fut consignée sur des registres, de même qu'elle était peinte sur les visages ; les adieux du regret et de la douleur, gravés en vers touchans, lui furent adressés de tous les points à la fois de la province : sa réponse fut de nouveaux secours aux pauvres. Les deux principales villes voulurent, par une ineffaçable empreinte, perpétuer le souvenir de son administration en employant le génie à consacrer la bienfaisance : Marmontel et Thomas gravèrent sur le marbre le souvenir de tant d'actions généreuses.

De l'Auvergne il passa en Provence, et dans

ce poste difficile, en se montrant toujours le même, exemplaire dans l'accomplissement de ses devoirs, inépuisable dans ses bienfaits, il reçut la flatteuse récompense qui manque rarement à la vertu, il fut chéri et admiré; seulement il resta trop peu dans ce pays pour y faire tout le bien qu'il méditait : néanmoins une circonstance de s'y montrer sous un aspect tout nouveau vint s'offrir à lui, celui de déployer par sagesse le courage de la désobéissance. La cherté des subsistances ayant forcé le ministre à suspendre la liberté du commerce des grains, cette mesure excessive allait causer la ruine du port de Marseille : l'intendant, différant d'obéir, laissa libre la circulation de la denrée, et par sa résistance, en encourant le danger d'attirer sur lui le courroux du trône, il détourna la famine qui menaçait la province.

Enfin le climat brûlant du midi ayant altéré sa santé, il fut nommé à la Rochelle. Ce passage si prompt d'une température élevée à une atmosphère froide et humide éveillèrent sur lui de nouvelles sollicitudes : ses amis, craignant

que sa santé n'en fût encore plus atteinte, rap-
pelèrent au ministre ses droits à l'avancement,
en réclamant pour lui la parole royale. Il répondit à leur demande : « Que l'intendance de
« la Rochelle, où venait d'être appelé M. de
« Montyon, n'était qu'un gouvernement provi-
« soire; mais que, puisque la santé de cet ad-
« ministrateur avait à craindre l'influence du
« climat, le roi, en lui envoyant, comme ré-
« compense des services que déjà il avait rendus
« à l'état par ses travaux, quatre mille francs,
« lui permettait de différer de s'y rendre jus-
« qu'à ce qu'il fût entièrement rétabli. » En
mai 1774, Louis XV mourut : la secousse inévitable que cause toujours sur les esprits la mort
du chef de l'état faisant naître dans le sien
mille craintes, sans consulter ses forces, il se
rendit aussitôt à sa nouvelle intendance. Dans
cette province, son administration fut couron-
née du plus heureux succès : quinze mois de
son gouvernement eussent été pour d'autres
quinze années de travaux, tant il fit de choses
et de bien ; rétablissant l'ordre le plus parfait

dans les finances, il eut le bonheur de diminuer les charges publiques qui grevaient cette
ville maritime, et celui, alors inappréciable,
de recevoir les félicitations des ministres du
nouveau roi. Mais, hélas ! cette lueur de justice
devait être l'avant - courrière de l'orage ; et cet
homme qui avait montré toujours les vertus du
désintéressement le plus rare, lui qui semblait
ne voir dans l'ambition que ce puissant ressort
qui dirige les ames communes, dont la sienne
pouvait se passer, combien il était sensible à
l'injustice ! Une intendance qui lui avait été pro-
mise, et qu'il désirait depuis long-temps, devint
alors vacante : Louis XVI, ne connaissant point
les promesses que lui avait faites son aïeul, en
disposa envers un autre. A cette nouvelle,
M. de Montyon fut attristé et profondément
abattu. Quoi ! une attente ainsi déçue devait atté-
rer cette ame altière, et les tourmens de l'ambition soulever ses passions vaincues ! Il serait d'un
esprit léger de parler ainsi d'un grand homme ;
et de voir dans la faiblesse humaine le principe d'un si poignant chagrin. Mais, qu'en se

reportant, par l'esprit, à la fin du règne de Lous XV, on découvre ces lueurs d'espérance que fit éclater à tous les yeux l'avénement de son petit-fils à ce trône ébranlé et avili; qu'on regarde, d'une part, ces ames vénales qui avaient perdu la monarchie; de l'autre, que l'on considère combien l'inexpérience du jeune roi réclamait de lumières et d'appui pour régénérer son empire; qu'en sondant la profondeur du mal, on se demande où était le remède; qu'on apprécie enfin combien rare était en ce temps l'espèce des citoyens tels que lui, l'on verra dans ce triste tableau la cause de sa douleur généreuse. Ce n'était donc pas même par une noble fierté qu'il gémissait de cet oubli; son esprit effrayé, parcourant d'un regard l'horizon politique, voyait de toutes parts les maux de l'avenir, et, dans la lésion d'un de ses membres, il pressentait déjà la ruine et la mort du corps social. Une lettre aussi respectueuse que sage, qu'il écrivit alors au roi, ferait mieux connaître son ame que le plus beau panégyrique; qu'on en juge par cette phrase : « Sire,

« si tel était l'ordre des choses, que le zèle et
« les services fussent traités comme des fautes
« et ne fussent payés que par des disgraces, le
« malheur d'un particulier deviendrait la cause
« publique. » Sous le règne d'un monarque
vertueux, rarement la vertu reste sans récompense, et le nouveau Titus entendit ses accens :
aussitôt M. de Montyon fut nommé conseiller-
d'état; nouveau titre qu'il honora bien plus
qu'il ne fut honoré par lui. Dans cette périlleuse
carrière, de même que dans toutes ses fonc-
tions publiques, jamais homme, mieux que lui,
ne connut l'emploi du temps ; indulgent pour
les autres et sévère pour lui-même, il parta-
geait tous ses instans entre les devoirs de
la vie privée et ceux de l'existence publique,
n'admettant pour l'homme d'autre mission sur
la terre que celle d'être utile à ses semblables ;
pour lui, vivre n'était pas seulement sentir,
c'était penser et agir, et agir était toujours en
lui le but et le moyen de bien faire; aussi toutes
ses pensées, tous ses mouvemens tendaient-ils
vers ce résultat désirable, dont il savait si bien

prendre le plus court et le plus droit chemin. Soit
que, livré à des discussions publiques, il eût à dé-
fendre quelque grand intérêt ; soit qu'en conseil privé, il écoutât des plaintes ou qu'il rendît
la justice, il approfondissait toutes les questions, les résumait avec une justesse admirable,
et, ne les laissant jamais s'embrouiller ou se
perdre dans les flux de paroles de ses interlo-
cuteurs, qu'il écoutait tour-à-tour et conduisait
ensuite par la chaîne serrée de sa dialectique
invincible, il arrivait au dénouement. Un
temps perdu en longs débats lui semblait un
vol fait à la justice, et une heure écoulée en
délibérations sans résultat, si elle avait pour
objet de protéger l'innocence ou de secourir
l'infortune, un crime dont il se serait cru cou-
pable. Il aimait passionnément et cultivait avec
succès les sciences et les lettres ; elles seules,
en effet, remplissaient tout à la fois et char-
maient ses loisirs : cette vie, doublement active, était toute partagée entre l'action et la
pensée, et il n'en dérobait au sommeil que le
temps qui n'était point indispensable à sa santé.

3.

En 1780, le comte d'Artois trouvant dans la réparation d'une faute personnelle le moyen doublement honorable de réparer les injustices nombreuses que M. de Montyon avait éprouvées sous le règne de son aïeul Louis XV, lui conféra, de l'agrément du roi, la dignité de chancelier, chef de son conseil. Cette nouvelle magistrature lui fut donnée avec dispense, comme c'était alors l'usage, d'en fournir la finance. Il répondit à cette honorable faveur par une conduite plus honorable encore : il refusa les émolumens de sa place, et, dans une période presque décennale, il n'accepta jamais que les frais de bureau. Un seul fait à rappeler de cet important ministère donnera la mesure de l'esprit avec lequel l'homme privé s'identifiait au magistrat, et nous montrera comment, dans toutes les positions où le plaçait la fortune, il savait s'élever ou s'abaisser au juste niveau des circonstances, ou plutôt, en changeant de façon d'agir, garder toujours la sienne.

Dans une occasion importante où une affaire

difficile avait été soumise à la délibération du conseil, son avis n'ayant pas prévalu sur l'opinion, il se rendit sans discussion au jugement, bien qu'injuste, de la majorité. La partie dont cet arrêt lésait les intérêts vint répandre chez lui des plaintes amères : le chancelier répliqua par le silence ; et tandis que, par un seul mot, il eût pu confondre son accusateur et changer en regrets son aveugle colère, il aima mieux dévorer une injustice que de diminuer, par un indiscret aveu, le respect dû à la loi dans la chose jugée, qui doit toujours faire voir à l'homme d'état la justice dans l'injustice même.

Enfin, en 1787, Louis XVI, signalant ses bienfaits par des actes équitables, voulut récompenser tant de services d'une manière digne de lui : il lui fit offrir la magistrature suprême de l'état. M. de Montyon refusa par vertu cette haute dignité. Voici sa réponse : « Dites à sa « majesté que je suis confus de ses bontés. Si « je fais un peu de bien dans la place que j'oc- « cupe, c'est que je ne suis pas en évidence : en « acceptant celle qu'on me propose, je serais

« exposé à toutes les intrigues , à toutes les
« cabales de l'envie ; je n'aurais peut-être ni le
« talent ni la force pour y résister : dans le
« doute , je dois m'abstenir. »

Jusqu'ici nous n'avons suivi notre héros que
dans le champ d'honneur de la vie publique ; le
voilà parvenu au dernier terme : les éclairs de
1789 ont déjà dessillé ses yeux ; il touche aux
confins de l'exil. Mais avant de marcher avec lui
sur une terre étrangère , avant d'admirer toute
l'énergie de cette ame en proie à la double injustice et de la fortune et des hommes, portant nos
regards en arrière, voyons-la dans son apostolat
d'humanité, qui va, pour l'honorer, la trahir,
en lui enlevant ce voile délicat et mystérieux qui
nous a dérobé jusqu'ici la plus belle part d'elle-
même : notre tâche sera facile ; la montrer
dans sa simplicité sera faire son plus bel éloge.

En 1780 , M. de Montyon fonda un prix
annuel pour des expériences utiles aux arts,
sous la direction de l'Académie des Sciences ,
et il y consacra une rente perpétuelle sur le
clergé, au capital de douze mille francs.

En 1782, un prix annuel en faveur de l'ouvrage de littérature dont il pourrait résulter le plus grand bien pour la société, au jugement de l'Académie française; rente sur la tête du roi, au capital de douze mille francs. O vertu sublime de la bienfaisance! malgré moi tu m'arraches au silence; et pourquoi n'exprimerais-je point ici toute l'admiration que tu m'inspires? Quel double monument de charité, et quelles hautes vues il renferme! C'est un hommage à la science, un appel au talent et à la vérité, un vœu touchant à la gloire et au bonheur de sa patrie, assis sur les bases d'un trône dont le ciel semblait déjà lui faire pressentir l'ébranlement; trône depuis tant de siècles élevé par la religion protectrice et soutien de tout le reste! C'est une leçon immortelle de sagesse et d'humanité!

Je pourrais citer encore et puiser mille traits dans cette mine féconde de sagesse et de bienfaisance; mais, devancé dès long-temps par la renommée des sages auxquels il a confié l'honorable exécution de ses vœux, je ne ferais que répéter les échos de la voix publique: je me

tairai donc ici sur ses autres fondations philantropiques.

Long-temps avant 1789, son esprit méditatif
et rêveur avait été assailli de pressentimens les
plus sinistres. Il avait découvert, dans les nuages
si sombres et si divers qui enveloppaient de
toutes parts l'horizon politique , le torrent
dévastateur qui devait rouler bientôt toute sa
furie sur la France ; et dans cette prévision terrible , sachant par l'expérience des siècles que ,
dans le renversement des empires , les bons
sont victimes des méchans , il avait mis à cou-
vert cette fortune des pauvres , qui n'était aussi
la sienne que pour en être le dispensateur , et
qu'il devait augmenter encore sous l'inspiration
d'un tel vœu.

C'est à la Suisse qu'est réservée la gloire de re-
cueillir le grand citoyen obligé de fuir sa
patrie ; mais ce séjour de l'innocence et de la
liberté , si digne de devenir le sien , ne sera pas
long-temps assez sûr , et le retentissement af-
freux de nos discordes civiles, et le bruit effrayant
des armes, bouleversant soudain tout son être, il

va fuir, sur une terre plus libre, le spectacle san-
glant qui le déchire : c'est l'antique Albium
qui le reçoit. Ici se termina sa vie publique.
Maintenant, pour embrasser en bloc un aussi
grand caractère, essayons de le considérer sous
une face toute nouvelle, et ne reprenons un
peu haleine , après tant d'élans d'enthousiasme, que pour mieux recommencer à le suivre dans le vaste champ de la pensée !

vaines sur une terre plus libre, le spectacle san-
glant qui la déchire : c'est l'antique Albion
qui le reçoit. Là se termina sa vie publique.
Maintenant, pour embrasser en bloc un aussi
grand caractère, essayons de le considérer sous
une face toute nouvelle, et ne reprenons au
milieu [illegible]
[illegible] que pour mieux recommencer à le suivre dans le vaste champ de la pensée !

[illegible]

SECONDE PARTIE.

S'il est vrai que la philosophie consiste plus en vérités pratiques qu'en abstractions de morale ; s'il est vrai que les connaissances les plus diverses et les plus élevées ne forment que l'avenue du TEMPLE de cette SAGESSE ÉTERNELLE dont l'ÉTHIQUE est le sanctuaire, s'il n'est point de véritable sagesse sans l'harmonie des élémens qui composent l'état moral ; si la vie même des plus grands hommes, toujours entachée de faiblesses, ne présentant jamais aux yeux ce grand et sublime spectacle des scènes extérieures de la vie réfléchie du miroir de l'ame, ne nous offre que le tableau de l'homme se cherchant lui-même ; faire voir Auget de Montyon, dans ses écrits, semblable à Auget de Montyon homme de bien et magistrat, sera, en achevant son image, placer sur son front virginal l'immortelle auréole de la gloire !

Quoique M. de Montyon ait composé nombre d'ouvrages où l'on découvre des pensées toujours justes et souvent profondes, animées de ce pur amour du bien public qui, étant une religion sous sa plume, touche et élève l'ame tout ensemble, il n'est point dans le plan resserré de ce discours d'entrer dans l'examen suivi d'une aussi riche collection d'idées. Il est si peu d'ailleurs de ces heureux génies dont le mérite, tel que l'expérience, s'accroît toujours du nombre de leurs travaux ! Montesquieu lui-même, ce génie si rare et si pur, serait-il moins grand à nos yeux, s'il n'eût fait que l'*Esprit des lois?* et les œuvres de sa jeunesse ajoutent-elles à sa gloire? Que serait-ce si je nommais Voltaire? Parmi les livres de M. de Montyon, je me bornerai donc à l'examen de celui qui me semble réunir l'esprit de toutes ses pensées : c'est l'œuvre par excellence du maître, le monument de son génie : celui qu'il a élevé dans la maturité de l'âge, recueilli dans la vie domestique, à cette époque ou l'ame humaine, pleine du sentiment d'elle-même, est capable

de juger les autres ; elle n'a point encore trop
vécu pour perdre l'indulgence avec ses forces,
mais assez pour concilier ensemble l'indulgence
et la vérité : cet ouvrage est celui sur le Tunkin
et la Cochinchine. Dans cette immense re-
vue d'un peuple à demi-civilisé et nouveau
pour nous, où l'intérêt semble s'accroître
du charme de la nouveauté même ; dans cette
investigation profonde où sont agitées et dé-
battues tour-à-tour toutes les hautes questions
de philosophie, de politique et de morale qui
intéressent l'humanité, suivies de mille observations secondaires d'ordre social formant une
école expérimentale de sagesse, nous verrons
sous des aspects variés, d'où s'échappe à son
insu le sentiment de l'écrivain, l'histoire psycologique de son être et le puissant ressort qui
le mettait en jeu.

Tel que Tacite, au milieu de l'abaissement de
Rome, se plaisait à décrire les mœurs vertueuses
d'un peuple à demi-sauvage, habitant de l'antique Germanie ; tel, sur une terre hospitalière,
Montyon, après avoir vu de loin toutes les no-

tions du juste et de l'injuste avilies et confondues parmi nous, au milieu des bouleversemens de l'Europe, au moment où la France, relevée par le génie d'un grand homme, oubliait, sous les trophées de la gloire, ses maux passés et sa servitude nouvelle, puise dans les mœurs naïves d'un peuple, au delà de la presqu'île du Gange, des leçons indirectes de politique qu'il lègue au genre humain en regardant sa patrie.

Ce livre peu connu (on le conçoit : c'est un esprit si élevé qui l'a écrit, qu'ayant considéré la gloire même d'auteur comme une trompeuse vanité, il n'a point mis son nom à ses ouvrages), mais où se décèle, malgré tant d'abnégation d'amour-propre, toute la grandeur de son ame, commence par un vœu tout à la fois et un hymne d'enthousiasme : « Le globe de la terre est connu, « s'écrie notre nouveau Camoëns; les voyages « faits au dix-huitième siècle nous ont offert la « vue générale du globe que nous habitons : « il nous reste maintenant à constater quelle « valeur renferme chaque contrée; quelles sont « les qualités distinctives de ses habitans..... Il

« faut tendre à rapprocher, par des communi-
« cations, ce qui est placé à de grandes distances,
« établir des relations entre les peuples et met-
« tre en commun les biens dont la nature a
« dôté chacun d'eux, les produits de leurs pro-
« cédés industriels, leurs connaissances et leurs
« lumières, etc.;.... et en imprimant un carac-
« tère de fraternité à tous les membres de la
« grande famille qui compose l'espèce humaine,
« l'élever au plus haut degré de puissance, l'ap-
« peler à une grande somme de bonheur! »
Qu'on juge des vues par quelques lignes; tel est
l'esprit de tout l'ouvrage.

Montyon peint d'abord l'aspect géographique
de ces contrées lointaines, placées pour nous aux
bornes du monde. A la manière des savans, il
décrit les fleuves, les rivières, les rades, les côtes,
les montagnes, et la nature d'un sol fécond et
varié. Après avoir tracé le plus ravissant tableau
de ce climat d'une température toujours élevée,
mais douce et uniforme, et qui, donnant à
l'homme toutes les jouissances à la fois, sans le
contraindre à la peine, semble être la demeure

naturelle de l'espèce humaine , le naturaliste
poursuit ses investigations sur les élémens divers
de cette vigoureuse atmosphère des tropiques.
Il remarque la susceptibilité de l'air, naturellement embaumé par l'émanation des végétaux ,
et que les causes les plus légères altèrent et pu-
tréfient ; signale comme un phénomène une espèce d'ouragan qui, quand il s'élève sur l'horizon,
cause de toutes parts des ravages inévitables ; analyse la mauvaise qualité des eaux, cette seconde
nourriture de l'homme ; et toujours en philosophe qui approfondit et voit les choses sous toutes
les faces qu'elles présentent, compensant les vices
du pays par les avantages qu'il renferme, il s'arrête
à cette vérité consolante, que la providence, bien
que souvent nous l'accusions d'injustice, a également réparti ses dons parmi les humains, et
que les inégalités sociales proviennent bien plus
de l'abus que nous faisons des choses et de nos
facultés, que des préférences maternelles : s'ar-
rêtant ensuite sur les qualités spéciales du sol,
il examine les différentes plantes, ces grands
arbres à fruits qui composent le premier gre-

nier de l'homme; les quadrupèdes, les reptiles et les poissons, et ces myriades d'oiseaux qui, dans ces régions enchantées, sont, ainsi que les fleurs, le plus bel ornement de la nature, tout intéresse sa science et arrête sa contemplation.

On s'étonnerait, au premier aspect, en parcourant cette longue et intéressante description, où éclatent tant de naïves beautés, qu'un esprit grave et austère, nourri fortement de l'étude des lois sociales, de ces règles spéciales et rigides qui, fixant les limites de leurs droits, coordonnent les intérêts des hommes, ait pu plier sa patience à poursuivre avec une telle ardeur l'analyse raisonnée des innombrables êtres qui remplissent ces vastes contrées. Serait-ce que, fatigué de l'injustice et de la versatilité des hommes, son cœur désenchanté se complût à ces images nouvelles d'animaux si divers dans leurs espèces, et dont les mœurs seules sont immuables; de ces êtres intelligens et sensibles, faits pour donner au métaphysicien, par des doutes, des leçons sur leurs facultés pensantes? ou bien, formé à l'école de Montesquieu, comme lui, voudrait-il constater et reconnaître dans l'étude de la nature ces lois invariables et positives, toujours conséquentes dans leurs effets, qui embrassent tout ce qui existe, afin d'apprécier, par l'analogie, avec plus de certitude, les vices ou les qualités des lois sociales, qui ne sont le plus souvent que le reflet misérable de ces immortelles lois? Ainsi, en étudiant le minéral ou la brute, le sage chercherait-il encore l'homme au sommet de l'échelle des créations, et, pour soumettre avec moins de répugnance tous les autres êtres à sa domination, s'étudierait-il surtout lui-même, en remontant au principe éternel des choses, afin de rendre mieux son hommage au grand Être?

Des quatre races d'hommes dans lesquelles est divisée l'espèce humaine, c'est à celle du Tartare Mongul, souche primitive de l'habitant de l'Asie, qu'appartient la nation tunkinoise; race qui est bien éloignée de la régularité majestueuse des formes de la race caucasienne, dont le front imposant par la forme et la voussure du crâne, paraissant marqué d'un sceau

divin, annonce par l'étendue du cerveau, sublime atelier de la pensée, sa supériorité sur
les autres : vérité qui, même avant que l'ana-
tomie et la physiologie eussent apporté le tribut de leurs observations matérielles pour en
confirmer l'évidence, s'y dessinait en saillie.
Au reste, le Tunkinois, issu de la nation chi-
noise, tient singulièrement de sa figure. Ainsi
que beaucoup de peuples à peine à demi-civi-
lisés, il a la manie singulière de se peindre les
traits du visage, et par là il altère sa figure.
Malgré cette bizarrerie de goût, les femmes,
dans ce pays, sont souvent belles; et elles con-
servent long-temps cette beauté, en ce que,
vivant plus selon la nature que la plus grande
partie des femmes de l'Europe, sans distinction
de rang et de richesse, elles nourrissent toutes
leurs enfans. Aussi la population y tend naturellement à s'accroître : heureux effets de la
pureté des mœurs domestiques. A cet avantage
des bonnes mœurs, s'en joint un autre : en
général l'habitant de ces contrées vit long-
temps et sans infirmités; il n'est point rare d'y

voir des centenaires. Toutes les observations intéressantes que fait, par des traits inimitables de sensibilité, M. de Montyon, sur ce peuple qui semble vivre toujours dans un état intermédiaire d'enfance et de jeunesse, attachent et donnent beaucoup à penser à l'habitant d'une partie du globe où la civilisation est si en avant des mœurs asiatiques ; et si l'on réfléchit surtout que ces Orientaux, qui firent les premiers pas dans la route du perfectionnement humain, furent les premiers instituteurs de l'univers, que c'est à eux que l'Européen, si fier et si dédaigneux aujourd'hui, est redevable des notions primitives des sciences , on aimera à rendre hommage au génie qui le premier crut trouver la solution des diverses destinées humaines dans la différence seule des climats, dont l'influence continue est si puissante sur les êtres qui lui sont soumis. Dans ces immenses contrées du Tunkin et de la Cochinchine, où une population de 23,000,000 d'ames, aujourd'hui soumise à la domination d'un empereur qui était naguère le vassal de l'empereur de la

Chine, dans ces contrées, ainsi que dans toutes celles de l'Asie - Méridionale, et même de la Basse-Asie, l'atmosphère est si puissante, qu'elle tient les sens de l'homme toujours éveillés pour les plaisirs et toujours engourdis pour les travaux. Chez lui, l'activité prodigieuse du sang, stimulant à la fois toutes ses facultés, les tend, les use et les absorbe dans un feu qui sortant par explosions soudaines s'éteint bientôt. Ce sont tous ces effets physiques qui règlent le moral de l'homme : c'est cette fermentation continuelle des fluides du corps, produisant l'exaltation de l'ame par l'excitation des sens, qui a dû, dans l'enfance du monde, porter l'habitant de ces contrées à marcher le premier dans la voie des découvertes, et, par une conséquence inévitable, l'empêcher, en usant vite ses forces, de pousser au loin ses conquêtes : de cette seconde considération sera bientôt né pour lui son état de stagnation dans le perfectionnement moral, d'où résultent, tout à la fois, ses vices et ses qualités. S'il conserve avec l'innocence, l'ignorance heureuse de ses pères, il n'acquiert point aussi les connaissances variées et durables qui augmentent parmi nous le bien-être social, et il ne marche pas dans cette région infinie de progression et de lumières qui semble être une loi de Dieu même, inhérente à la faculté perfectible qu'il a déposée dans nos ames. Cependant, quoique ses mœurs soient immobiles et stationnaires, ce peuple possède des habitudes estimables. Mais outre l'étude du climat, le moyen le plus sûr d'acquérir la connaissance des mœurs d'un peuple, c'est de l'étudier par ses besoins; ils forment seuls ses habitudes : plus il vit selon la nature, plus ils sont simples et réels ; plus il s'éloigne de cette origine, plus ses goûts sont nombreux, bizarres et divers. Chez le Tunkinois, bien que les besoins physiques n'excluent pas ceux de l'esprit, il donne aux premiers la préférence : de là, les arts utiles, la pêche, et la navigation intérieure, la chasse et l'agriculture lui sont très familiers, et ont, dans son estime, une place éminente. Au Tunkin comme à la Chine, le souverain montre un zèle et un amour bien louables pour cette première vocation de l'homme. L'imposante solennité par laquelle il consacre, chaque année, la culture et les travaux des champs, offre quelque chose de religieux et de politique, qui, parlant à la fois à la raison et au cœur, doit produire un effet bien salutaire sur une population soumise au despotisme d'un maître pour laquelle la soumission à l'exemple est la plus douce loi. Ce peuple ayant peu de besoins, ses arts sont toujours dans l'enfance. Ce n'est pas, observe M. de Montyon, que le pays ne possède des métaux précieux, qui dans nos contrées les font naître et les récompensent ; mais cette même ignorence des arts, au moins dans tout ce qui tient à la partie la plus brillante, les a laissés jusqu'à présent enfouis dans le sein de la terre ; l'avarice et les sens usés de l'homme ne lui ont point encore enseigné, dans ces climats, que l'or est le plus actif et le plus terrible moyen de puissance et de servitude. Les beaux arts, qui naissent des arts utiles, ne sauraient être également le partage brillant d'un peuple si peu avancé dans les autres ; cependant ils ne lui sont point inconnus. Ceux surtout dont le but est de charmer les sens, de produire ou d'accroître la volupté, sont avidement recherchés par ce peuple léger et sensuel ; ainsi la musique, la danse, la déclamation font le charme de sa vie sociale ; et, sans atteindre à ce degré de perfection qui existe en Europe, elles attestent néanmoins le sentiment du beau. Quant aux arts qui tiennent plus aux plaisirs des yeux et de l'imagination qu'aux affections intimes de l'ame, la peinture, la sculpture, la gravure, l'architecture, etc., ne viennent qu'en troisième ordre dans son appéciation ; mais dans cette gradation d'estime, ces hommes sont plus raisonnables que nous, et cette philosophie naturelle s'explique par le jeu seul de leurs organes et de leur constitution originelle. A ces causes r elatives et puissantes, on pourrait joindre ces réflexions générales : boussole morale poûr arriver à la découverte d'autres causes qui, indépendamment de celles que nous avons signalées, ont une part réelle d'influence sur la destinée des hommes. Tous ces aperçus, toutes ces recherches physiologiques qui peuvent apprendre à l'homme à se connaître, en lui mettant à nu les ressorts qui dirigent son être moral, n'ont point échappé à l'esprit investigateur et sagace de M. de Montyon. D'accord avec la théorie des grands maîtres, il observe que, comme le climat, le régime, le genre de vie, les travaux, les occupations, les habitudes, les jouissances et surtout l'éducation, tout en nous modifie les organes ; que nos sens s'altèrent ou se fortifient par la réitération et la nature des impressions qu'ils recoivent ; que de l'absence ou de la fréquence des mêmes impressions naît une répugnance ou un penchant dans l'homme pour ces mêmes impressions : de là, la diversité même des goûts, loin d'être un jeu de la nature, est conforme à ses volontés, dont l'action varie selon les êtres sur lesquels elle est dirigée. Ainsi les règles du beau idéal seront presque toujours méconnues et violées dans le nord et dans le midi, chez tout peuple misérable, féroce ou corrompu, tandis que nos zônes tempérées, où l'homme jouit d'une vie et d'un sort tranquilles, qui le portent à cultiver son esprit, semblent être le sol natal des arts, des sciences et du bon goût. Tout devient objet d'étude et d'enseignement pour le philosophe; lui seul voit et suit les innombrables fils dont est tissue la vie de l'homme. Depuis son langage, qui est l'expression la plus fidèle de lui-même, jusqu'à ses mœurs et ses lois qui en dérivent, tout se tient pour lui dans l'ordre physique et moral; et ce qui semble souvent le plus étranger à sa nature provient de causes essentielles que son œil observateur sait découvrir et dont sa science profite, comme d'un chaînon nouveau, ajouté à la grande chaîne des découvertes humaines, pour se conduire elle-même dans la carrière de la vérité au-delà des limites connues.

Le commerce qui, dans presque tous les états de l'Europe, forme le plus grand moyen de richesse ou de puissance, le commerce que l'industrie fait naître et que le luxe alimente, et qui, dans le nombre des inventions sociales doit occuper le premier rang, parce qu'il donne aux productions de la terre et des arts leur plus grande valeur, qu'il les transfère des mains qui en sont pourvues dans celles qui en manquent, et des contrées où elles naissent à l'autre extrémité du monde, M. de Montyon le considère, non seulement en économiste politique, mais encore en philosophe inspiré. Si Montesquieu, dans son esprit des lois, nous découvre dans le commerce ce nerf puissant et salutaire, plus profitable que la conquête, qui fait mouvoir le monde moderne, et ce lien de politique qui semble rapprocher tous les peuples; l'ame de Montyon va plus loin encore, elle y voit cette chaîne de charité qui les unit. Dans son apostolat d'humanité, son cœur, comme celui de Fénelon, se complaît à se répandre dans l'univers : le commerce lui en ouvre les routes, et par un sentiment inestimable, sa foi dans le désintéressement d'autrui lui en aplanit les obstacles. Si son esprit philantropique lui cause des déplaisirs amers à la vue du mépris que montre l'habitant de Tunkin pour toute industrie commerciale, son espérance de voir un jour régner, par l'influence du commerce dépouillé de tout intérêt personnel, la concorde et la paix parmi les humains, affaiblie par cette découverte, ne l'empêche pas de discerner, dans des coutumes estimables, le principe de cette répugnance : il le trouve dans l'absence de tout luxe, chez un peuple si favorisé du ciel que le vêtement ne lui est commandé que par décence, pour lequel les tissus les plus fins et les plus légers sont suffisans, chez lequel les modes comme les mœurs sont immuables, et dont l'alimentation est si facile et si simple, qu'il ignore entièrement les recherches de la somptuosité. Quoiqu'il possède quelque monnaies d'or et d'argent, son commerce, se bornant aux relations intérieures, a toujours lieu par l'échange des marchandises ; il s'abstient de toute entreprise extérieure. C'est ainsi qu'en signalant l'esprit national du Tunkinois, et sa répugnance innée pour les étrangers, Montyon laisse échapper ces mots de son ame vertueuse : « l'Européen peut-il être surpris « de la défiance qu'il inspire ? » Quelle éloquence ! L'historien était au milieu de Londres, ses regards sur l'Asie.

Après avoir atteint le dernier terme de l'existence physique de ce peuple, M. de Montyon s'arrête au principe de son existence morale, qu'il découvre dans sa constitution politique : c'est là que son austère imagination peut donner une libre carrière à la grande pensée qui était l'ame de sa vie, ou plutôt la vie de son ame. Dans un siècle surtout où tous les peuples de l'Europe, travaillés à la fois de la fièvre des innovations, semblent mettre en question leur existence sociale, l'enfantement de la constitution politique d'un peuple, par les considérations qu'elle embrasse et les vues qu'elle renferme, lui paraît être une œuvre de sagesse au dessus de l'humanité. Il n'ignore point qu'il n'existe pas de vérité rigoureuse en politique, les préjugés, les erreurs même ayant eu leur temps d'utilité : aussi, sans admettre, comme un Anglais célèbre, un code imaginaire applicable à tous les peuples, il voudrait qu'en tenant compte des mœurs, des coutumes et des besoins relatifs des diverses sociétés humaines, quelque génie céleste vînt sceller pour chacune, de sa vertu toute puissante, le code le plus en harmonie avec elle; ou plutôt qu'une raison lente et sûre apportât à cette œuvre fondamentale une amélioration progressive, à cette œuvre qui est tout à la fois l'arc-boutant qui soutient l'édifice social et la clef de voûte qui le consolide, et d'où dépend toujours plus ou moins le bonheur ou le malheur des nations.

Dans l'ingénieuse analyse que M. de Montyon fait du gouvernement du Tunkin, l'esprit le moins observateur peut découvrir combien, chez le plus grand nombre de peuples, les mots seuls, tenant la place des choses, leur soumission à l'état ou leur désobéissance, dépendent de l'opinion plus que de la vérité. Heureux tant que dure leur illusion, mais doublement malheureux quand elle se dissipe, en ce qu'ils n'ont point alors de garantie véritable, et qu'ayant eu l'habitude de prendre l'ombre pour l'objet lui-même, la découverte de leur erreur est le pire de leur maux, en ce qu'elle n'offre point de remède. Telle est la destinée de presque tous les peuples de l'Asie; telle est la

forme politique du gouvernement tunkinois.
Dans ce pays, le droit national paraît être une
dérivation du droit naturel; cependant la constitution repose sur un éternel mensonge. La
nation offre l'image d'une grande famille, et
toute subdivision des pouvoirs de l'état porte
un caractère paternel : depuis le monarque,
père et arbitre suprême du sort et des destinées de tout un peuple, jusqu'au dernier magistrat public, auquel il confère une part de
son autorité, tout découle du même principe, et
se moule sur le modèle primitif de la puissance
paternelle. Ainsi on penserait qu'une institution
d'une origine aussi respectable devrait offrir le
plus parfait modèle de tous les gouvernemens;
que, la force qui commande puisant sa puissance et ses droits à une source aussi sainte,
la justice et l'amour du bien public devraient
seuls en découler sans effort. C'est ici que le
philantrope éprouve des angoisses de cœur, en
voyant cette grande-image du gouvernement
paternel n'être qu'une amère illusion dans laquelle s'endort tout un peuple à demi-vaincu

par le climat, se laissant enchaîner comme un enfant aux moindres caprices d'un maître; en voyant qu'une constitution d'une apparence si naturelle ne conduit qu'à des effets contre nature. Heureuse la nation quand ce chef est vertueux, malheureuse quand il est vicieux : aujourd'hui s'il veut être père de famille, demain c'est un tyran barbare. Quelle leçon pour les peuples libres que cette triste alternative où végète et se traîne l'Asie ! « Là point de sûreté « pour les hommes, point de sage pondération « des pouvoirs, s'écrie M. de Montyon, dont « la combinaison, la liaison, la gradation, la « dépendance sur plusieurs points, l'indépen- « dance sur d'autres, modèrent l'action du « gouvernement, la règlent et la dirigent sans « en altérer l'énergie ! »

A cette effrayante peinture du gouvernement de Tunkin, on devrait croire que cette nation, ainsi avilie, par la loi fondamentale, devrait être la plus misérable de la terre; mais par un instinct de bonté, autant que par cette sagesse de critique, dans ses recherches qui dirige notre philosophe, il sait découvrir au milieu des vices politiques les qualités qui les tempèrent. Ainsi, par un bienfait sans doute de la Providence, qui, veillant aux destinées des nations de même qu'à celle des individus, sait à point adoucir leurs maux pour prolonger leur existence, quoique ce gouvernement soit essentiellement despotique, il admet des modifications qui modèrent légalement la puissance souveraine; et bien que cette puissance soit réellement illimitée par la plénitude du droit d'imposer un peuple dépendant de la force militaire, non seulement ce despotisme est tempéré par l'indolence et la douceur des mœurs, mais encore par quelques formes civiques, dont quelques unes se rapprochent de la démocratie : dans plusieurs parties de l'empire, les communes ont sur les habitans le droit de juridiction et même de législation; dans l'ordre civil, l'homme jouit de la liberté personnelle, base essentielle de l'ordre social : droit que tout être tient de la nature, et qui, à la honte de l'Europe, lui est encore refusé dans plusieurs

de ses états, déjà parvenus sur plusieurs points
à un haut degré de civilisation.

C'est dans cet esprit de sagesse que notre historien apprécie le gouvernement de ce peuple.
Dans le temps de troubles où il écrit, ses pensées me paraissent un hommage indirect rendu
à la constitution anglaise, dont il admire le
mécanisme ; un éloge des états libres, un vœu
et un enseignement pour la France. Aujour-
d'hui ces réflexions, bien que très justes, peuvent paraître faibles ou modérées; alors, sans
être dangereuses, elles étaient hardies : voilà
le vrai mérite de l'écrivain philosophe. Dans
un siècle où toutes ses généreuses pensées sont
devenues vulgaires par l'application et la théorie, elles sont toujours utiles, parce qu'elles
sont vraies, et peuvent servir de règle, parce
qu'elles indiquent le point où il faudrait s'arrêter, soit en retenant les novateurs téméraires
qui ne voient jamais d'obstacles à leurs ingé-
nieuses utopies; soit en déracinant les préjugés
vivaces des politiques trop timides, qui ne pen-
sent pas qu'on puisse faire pour le bonheur des

peuples rien de mieux que leurs devanciers, et croient que toute innovation dans le bien public, si elle blesse quelques intérêts individuels, est une pensée dangereuse.

Montyon entre ensuite dans l'inextricable labyrinthe des lois civiles de ce peuple, dont le plus grand nombre se ressent des vices de l'institution politique, des mœurs bizarres et de l'ignorance du despotisme de l'Orient. Il signale surtout celle qui constitue et vivifie le principe originel du corps social, l'institution du mariage, qui, modèle primitif de la loi politique, vient à son tour se modeler sur elle; il découvre, avec des yeux mouillés de larmes, l'autorité absolue et tyrannique du mari sur sa femme et sur ses enfans, lui, dont la puissance s'étend jusqu'à les enchaîner et les frapper de verges, les vendre comme de vils troupeaux. Pays infortuné, où le préjugé, nourri et protégé par les lois, a étouffé la nature! Heureuse France, du moins, où la femme est l'égale de l'homme, chez toi, le sort des familles est assuré par les lois; les filles ne sont point exclues par les mâles dans l'héritage de leur père, et la primogéniture, consacrée par la loi, a cessé d'être un titre légal et faussement honorable de prééminence. Là, les conventions et les contrats, garantie essentielle et sacrée des droits, de la paix et du bonheur des familles, sont réglés et garantis par la loi; là, la liberté du débiteur n'est point soumise aux atroces volontés d'un créancier, disposant à son gré de ses biens les plus chers et de ses affections les plus intimes; là, pour le recouvrement de l'impôt, l'habitant n'est point livré à toutes les violences du fisc; là, toute cette contexture de pénalités monstrueuses inventées par la barbarie a disparu pour toujours.....

Telles doivent être sans doute les réflexions consolatrices qui, par un retour sur lui-même et sur sa patrie, viennent essuyer les larmes amères coulant, à ce triste tableau, des yeux de l'historien attendri. Bientôt, par une impulsion du cœur autant que par une transition naturelle, il cherche si, parmi tant de maux, il ne découvrira point de remède, et si tout est terrible et sans retour dans la destinée de ce peuple. Ainsi, ce que la loi politique et civile lui refuse, le sage le demande à l'institution religieuse que, par son importance et son heureuse action sur la première, il range sur le même plan. Ce remède à la rigueur des lois, M. de Montyon le découvre dans les effets de ces superstitieuses croyances, de ces mœurs, de ces coutumes qui tiennent de si près au sentiment religieux. En effet, de cette idolâtrie naît pour l'homme de ces contrées une sorte de fatalisme non raisonné qui le fait se soumettre avec une pieuse résignation aux exigences des lois, que, par une conséquence de sa foi religieuse, il regarde comme les décrets de Dieu même; par là, cette foi non raisonnée, si favorable au despotisme, tempère au cœur du malheureux l'amertume de sa position, et l'endort sur une infortune qu'il regarde comme nécessaire, puisqu'elle dépend de sa prédestination. C'est ainsi que, du respect religieux pour les morts, du culte des tombeaux et des ancêtres, on voit naître le germe de mille vertus domestiques; la tendresse paternelle, la piété filiale, l'amour, la foi conjugale, le respect pour la vieillesse, si chère au cœur du Tunkinois, et qui, chez tous les peuples, est le plus sûr garant des bonnes mœurs, toutes les vertus sociales s'animent et jaillissent parmi eux de cette source céleste. Du besoin d'aimer et d'être aimé, si ardent et si naturel à ce peuple ; de cette passion si douce et si pure de l'amitié, découle sans nul effort son culte de l'hospitalité : vertu sublime des sociétés naissantes, qui a disparu de l'Europe !.... L'amitié ! ah ! qui mieux que toi, ô Montyon, fut digne de sentir et de nous peindre ses charmes ! et que j'aime à te voir, t'enfonçant au foyer domestique de ce peuple hospitalier, y surprendre des secrets si touchans qu'ils semblent à l'Européen les rêves des temps fabuleux. Ne crois-je point alors découvrir dans ton admiration naïve de l'ame aimante de ces hommes sans fard, le besoin irrésistible pour toi de nous raconter leur histoire ? Dans ce récit plein de charmes, dans cette remarque attendrissante où tu nous dis : « Quiconque souffre parmi ces

« hommes est estimé créancier de celui qui peut
« le secourir, et ce secours ne paraît qu'une
« justice, » ne t'entends-je point toi-même sanc-
tionnant tes propres sentimens dans ta découverte? Et lorsque tu ajoutes : « Le Tunkin est
« la patrie de l'amitié, de cette union des ames
« indépendante des sens, volupté pure, exempte
« d'inégalités, de troubles, de remords, etc. »
il me semble, à ces mots, que les haines, les
rivalités, l'envie, les vengeances et les injustices, à jamais bannies de ces climats enchantés,
se sont réfugiées parmi nous; et, tout glacé
d'effroi, je frémis et je pleure....

On sent, en effet, d'après ce penchant à aimer
et à être aimé, combien l'habitant du Tunkin,
naturellement porté à l'indulgence, doit mettre
de mesure et d'égards dans ses rapports sociaux,
et combien cette heureuse disposition des mœurs
privées doit modérer la violence du gouvernement et des lois civiles : c'est elle, en effet, qui
inspire cette répugnance pour l'effusion du
sang et ce respect pour la propriété dont ce
peuple donne des exemples si respectables. Ce-

pendant la découverte de ce palliatif appliqué
à l'esprit vicieux et barbare des lois civiles, le
sentiment religieux, uni aux affections natu-
relles qui forment le génie consolateur de cette
nation, est bien loin, aux yeux de M. de Montyon, d'égaler l'excellence du christianisme : en
effet, ce polythéisme de l'Inde, suffisant pour
des hommes si doux et si peu avancés dans
les sciences; cette foi sans examen, qui fomente
par l'ignorance leur servitude et la confirme,
et qui est si contraire au génie des gouvernemens modérés, et plus encore des états libres,
ayant pour base de leur durée un consentement
national, Montyon la signale et la déplore.
Elle lui prouve avec Montesquieu, et contre
l'opinion de Rousseau, combien la religion
chrétienne est propre à favoriser la liberté de
l'homme, combien elle l'emporte sur toutes les
religions connues! Aussi, dans une appréciation raisonnée des diverses croyances des peuples, de leur foi et de leur espérance dans une
vie future, il proclame le christianisme au dessus de toutes les autres : lui seul, en effet, sait

ennoblir le sentiment; et tandis que le polythéisme attache éternellement l'homme à la terre par les viles passions qui doivent le suivre dans le séjour éternel, et dont il va même jusqu'à se faire la plus délicieuse espérance, la foi chrétienne, en dépouillant l'homme de tout sentiment terrestre, l'élève au dessus de lui-même, et le place à côté de la divinité. Enfin, si M. de Montyon ne parle pas de la révélation, pour appuyer sa doctrine, avec l'enthousiasme d'un inspiré, mais avec cette réserve d'un sage qui sent et n'a pas besoin d'autres preuves, on voit du moins, par les jugemens qu'il en porte, que son ame s'est souvent abreuvée aux hautes sources des vérités évangéliques.

En poursuivant la lecture de ce bel ouvrage, on sent que l'ame de l'historien a passé dans ses écrits; une bonté naturelle se montre dans tous ses jugemens, tant ils sont sages et mesurés : toujours conciliant ensemble, avec les intérêts de la morale, les faiblesses de l'humanité; et, lorsqu'il est forcé de blâmer les hommes, on le voit, il souffre lui-même de leurs défauts;

aussi, dans sa plus grande indignation contre leurs vices, on croit encore entendre un père qui gronde ses enfans. Son style est clair, simple et naturel comme la persuasion elle-même; il raconte plutôt qu'il ne discute : c'est à la manière des anciens qu'il décrit, et jamais il ne fait d'efforts pour convaincre, parce qu'il est persuadé lui-même.

Maintenant quel était le but de l'écrivain? Était-ce seulement de faire un livre pour tromper les ennuis de l'exil? ou bien, ne pouvant plus activement servir les hommes, voulait-il, en leur léguant de généreuses maximes, écrire pour les éclairer? L'ame connue de l'historien, la position alors critique de la France, l'esprit du livre, tout se réunit à la fois pour confirmer cette opinion. En écrivant sur le Tunkin, en nous faisant connaître une nation si intéressante par ses mœurs et si malheureuse par ses lois, en nous montrant à nu ses vices et ses heureuses qualités, c'est une vivante leçon de morale et de politique qu'il nous donne; mais en rien il n'est absolu, sachant bien qu'un préjugé utile

est quelquefois plus raisonnable que la vérité
qui le détruit ; et tout en nous enseignant la to-
lérance, qui est une des plus hautes vertus, il
veut nous instruire à cette école, en épurant
nos lois et en purifiant nos mœurs, à éviter les
erreurs des autres peuples et à imiter leurs vertus : ainsi, en faisant pressentir à l'Européen de
grands avantages matériels par des relations de
commerce avec cette nation populeuse, il voit,
par une conséquence naturelle, les lumières et
les arts de l'Europe qui lui sont importés en
échange. Si les sciences, en effet, unique instru-
ment avec lequel les peuples dans tous les pays
perfectionnent leurs lois sociales, et par elles
leur moralité, venaient à exercer leur influence
sur ce climat inspirateur, ces hommes, que la
nation anglaise, par une désignation qui, hono-
rant leur amour-propre, devrait nous intéresser
à eux, a appelés *les Français de la presqu'île
au-delà du Gange*, parviendraient sans aucun
doute, en peu de temps, à obtenir une constitution libre, garantie la plus sûre de tout perfectionnement social, et occuperaient un rang

distingué parmi les nations civilisées et les plus
heureuses de la terre. Telles sont, dans ce long travail, les doubles vues du philantrope ; et tout en
découvrant de loin, au milieu de ce mouvement
général de rénovation, cette nouvelle aurore
de bonheur qui veut se lever sur les peuples,
contrastant encore avec ces haines et ces rivalités nationales qui repoussent cette union fra-
ternelle, il s'écrie dans son indignation, animée
par son impatience : « Les hommes ont beau
« faire, le monde ne sera jamais divisé qu'entre
« les bons et les méchans ! »

Enfin, en terminant cet ouvrage, devenu
sous cette main savante une mine presque
aussi féconde que le pays qu'elle décrit, dans
un passage remarquable M. de Montyon fait
des vœux pour l'avenir de ce peuple dont il déplore amèrement le nouveau sort ; peuple d'autant plus malheureux, qu'après avoir traversé
toutes les phases diverses des révolutions les
plus sanglantes, il paraissait avoir atteint, sous
l'influence d'un grand roi, et dans le sein de la
paix, le terme de son infortune. Ici l'historien

s'attendrit, en voyant ses espérances déçues par les abus du pouvoir de ce même monarque qui, ayant oublié par quels actes d'humanité et de justice il a conquis le trône et l'amour de ses sujets, se livre, sans pudeur, aux écarts les plus honteux de la puissance; et dans cette page éloquente, il fait une allusion à ce nouveau César, qui, d'abord modérateur de ses maux, est maître de la France et commande à l'Europe : il le voit déjà, trop oublieux lui-même de son origine et de sa foi jurée, prêt à nous enfouir sous les ruines du colosse qu'il vient d'élever ; et, par cette apostrophe au héros des batailles et de la destruction, le héros de l'humanité défend les intérêts des nations et la cause de tous les peuples.

Découvrir le germe de toutes les vertus dans le cœur humain; les montrer avec un pieux enthousiasme, et, pour nous le faire partager, prouver tout le bien qu'elles opèrent; signaler, en contraste, avec une pitié sombre et glacée, les désordres effroyables du vice; et pour mieux nous en inspirer l'horreur, étaler tous les maux qu'ils enfantent ; dissiper l'ignorance et l'erreur par la découverte des sources d'où jaillit la vérité ; donner tout ensemble aux puissans de la terre, des leçons de politique et d'humanité ; enfin, enseigner aux hommes de tous les pays la SCIENCE NOUVELLE de s'entr'aimer, tel était le glorieux emploi du temps de cet homme libre, pendant l'asservissement de sa patrie. Ainsi méditant, tour à tour agissant, écrivant, il n'avait, comme au printemps de sa vie, qu'une pensée, qu'un but suprême, être utile à ses semblables. Depuis son arrivée à Londres jusqu'à l'époque de son retour en France, il ne cessa point un seul instant l'exercice de sa mission sublime, la charité. Par tendresse filiale, chaque année il envoyait en Auvergne une somme de 10 mille francs ; il extrayait encore de ses revenus une semblable somme de 10 mille francs dont il faisait deux parts égales, l'une destinée à ses camarades d'émigration, et l'autre à des Français que le sort des combats amenait en Angleterre prisonniers et malheureux. Inquiet surtout de la France, au milieu de cette terrible énergie qui agitait alors la patrie dans ses guerriers, il fréquentait journellement les plus hautes sociétés de Londres, et quoiqu'il parlât peu et écoutait beaucoup, il y laissait briller, sans le savoir, toutes les richesses d'un esprit supérieur, paré d'une grâce ineffable : et s'il se permettait quelque question détournée, c'était toujours pour apprendre ce qui se passait outre-mer, et non pour découvrir ce qui se faisait dans l'enceinte de cette immense cité.

Ce fut au milieu de cette noble vie, que la restauration vint le trouver. Aussitôt il rentra en France, racheta plusieurs de ses terres que la révolution avait vendues comme biens d'émigrés. Il avait alors 80 ans. Pour d'autres, c'eût été le terme des travaux et de la gloire ; ce fut pour lui une ère nouvelle de courage et d'activité. Tel qu'Antée, qui recouvrait toutes ses forces dans les embrassemens de sa mère, il semblait qu'en retrouvant sa patrie toutes ses facultés actives acquissent une nouvelle puissance ; tant pour les êtres sensibles et vertueux les affections tout à la fois vives et tendres de l'ame influent sur les organes du corps ! Ce fut alors seulement, que, renonçant à tous ses autres travaux, il ne s'occupa plus que de bienfaisance. Il créa de nouvelles fondations, plusieurs dans la vue de remplacer les anciennes en les augmentant. D'autres, aussi sagement conçues, sont bien propres à nous faire connaître son esprit ingénieux dans l'art de faire le bien ; art inestimable, qui ajoute tant de prix au bienfait par la manière exquise de l'opérer. En effet, quelque source de charité qui bouillonnât dans son ame, jamais il ne s'abandonna tout entier aux premières impulsions du cœur. Sa compassion, aussi sagement contenue et dirigée que toutes ses autres vertus, trouvait dans sa raison, pour lui-même, comme pour autrui, une véritable providence. Le malheur seul qui n'était point le fruit honteux du vice, avait des droits incontestables à sa commisération ; car, sans haïr les méchans, malgré lui peut-être ils lui inspiraient de l'horreur. A l'imitation de la suprême sagesse dont il cherchait toujours à pénétrer et à suivre les lois dans le bien particulier qu'il opérait, c'était le bien public qu'il avait en vue ; ainsi, toute œuvre charitable dont il n'aurait résulté un avantage pour celui qui en était l'objet, qu'au détriment des autres, lui paraissait une mauvaise action dont il devait se garantir, et il la repoussait loin de lui, lors même qu'elle ne lui faisait pressentir un danger que du côté de l'exemple ; enfin, il avait fait de la bienfaisance *un art merveilleux, et de la charité, une science ;* et selon l'esprit de l'apôtre, en vieillissant loin de dégénérer et de s'affaiblir, il se fortifiait et se perfectionnait toujours dans l'une et l'autre.

Je vais, en terminant cet éloge, citer encore quelques unes de ses nouvelles fondations de charité ; moins pour faire connaître sur ce point ce véritable ami des hommes dont le nom a parcouru l'Europe, que pour céder moi-même au ravissement de mon cœur par l'admiration toujours nouvelle qu'elles m'inspirent. Ces belles actions de sa vie nous amèneront enfin à celle où se résume tout son être, l'institution des prix de vertu, et qui, terminant sa carrière, commence son immortalité. Il consacrait annuellement sur ses revenus une somme de 15 mille francs à retirer du Mont-de-piété les effets au dessous de la valeur de cinq francs, appartenant à des mères de famille jugées dignes d'être admises au concours de la charité maternelle.

Sous le voile d'un honorable mystère, il s'adressait au maire du 5me arrondissement de Paris, pour l'associer à ses bienfaits. Aidé de la philantropie de cet homme estimable, il faisait proposer des primes de 15 mille francs chacune; la première devait être la récompense de celui dont la courageuse activité opérerait un défrichement ou dessèchement utile, et dont les travaux coûteraient au moins 15 cents francs. La seconde, il la destinait à une association de citoyens charitables qui prêteraient, sans aucun intérêt, aux artisans et aux laboureurs, à ces hommes utiles, qui, étant l'ame de l'état social, sont trop souvent méconnus de lui.

Rajeunissant sa vieillesse par le souvenir enchanteur du bien qu'il avait fait dans sa jeunesse, heureux vieillard, il avait joint à ces deux sommes un don pour la ville d'Aix, où il avait été autrefois intendant. Cette ville, non moins touchée de ce souvenir qu'elle avait été jadis contristée de son éloignement, accepta cet hommage avec une religieuse gratitude.

Enfin, près de quitter la vie, il fonda, sous le patronage honorable de M. Delaplace, un prix annuel de statistique, et fit accepter à l'Académie des Sciences une dotation de douze mille francs pour réaliser ce projet. Déjà cette heureuse pensée, féconde comme le génie même, a fait naître et couronner des ouvrages remarquables sur la statistique de la France et des colonies.

Ah! cette charité inspiratrice, combien elle se multipliait sans cesse en lui dans les replis protecteurs de l'ombre et du secret! En tarissant la source des amertumes, combien de douces larmes elle fit répandre! et combien elle en répandit elle-même à l'enivrant sourire de la reconnaissance attendrie! Que de fois, changeant le désespoir en espérance, elle fit briller d'un regard le bonheur sur des fronts flétris par l'infortune! En attendant qu'elle pût fonder des prix publics pour les sciences, que de dons elle fit à des hommes de lettres doublement recommandables par le talent et le malheur, dont elle voulut ignorer le nom, et qui ne connurent jamais eux-mêmes la main qui avait pansé leurs blessures ! Que dire de cette dotation qu'elle créa pour secourir l'indigence affectée des maladies du corps, recueillie dans les hôpitaux par la commisération publique, et qui souvent, à peine soulagée, est impitoyablement refoulée au dehors par le nombre des nouveaux malades? Que deviendra-t-elle, délaissée, dans cet état de dénûment et de faiblesse? Il me semble entendre moi-même cet homme inspiré se faisant à peine cette question, que déjà le génie de son cœur y a pourvu : soudain huit bureaux de charité s'élèvent dans la capitale, et quoique la mort vienne interrompre ses joies dans leurs projets tout célestes, sa pensée du moins va lui survivre, et quatre s'élèveront bientôt pour accomplir ses vœux philantropiques. Hélas! il n'est plus parmi nous, en effet, cet homme de

bien, mais la meilleure part de lui nous reste :
ses écrits, son exemple et sa volonté dernière.
Désormais sa vie est trop bien connue et consacrée par ce monument immortel, scellé de son
cachet inimitable de simplicité et de grandeur,
pour qu'il me soit permis de m'arrêter plus long-
temps sur les sentimens qui le lui dictèrent; et
ses prix à la VERTU sont les flots d'une source
intarissable qui, coulant à pleins bords, doit
fertiliser le monde moral tant que la moralité
sera chère au cœur de l'homme. O Montyon !
ni les trophées, ni les statues, ni les couronnes,
récompense vulgaire des grands hommes, ne
peuvent être dignes de toi. Ah ! s'il n'est que ta
vertueuse influence sur la destinée des nations
qui puisse te payer un jour de tes bienfaits, ton
véritable sanctuaire, ainsi que de la divinité,
doit être dans le cœur des hommes !

Si du sein de cet asile où tes vertus te
font jouir, parmi les bienfaiteurs du genre humain, d'une gloire immortelle, dans les extases
d'une volupté que jamais ne suivit le repentir,
ame vertueuse, tu daignes, par ressouvenir du

passé, abaisser une fois encore tes regards atten-
dris sur nous, regarde, et écoute : ton nom cher
et révéré de toutes parts, depuis la chaumière
du pauvre jusqu'au palais des grands ; sois heureux encore, Montyon, des heureux que tu as
faits parmi nous : voilà ta récompense !....

NOTE

DES DIVERS OUVRAGES

COMPOSÉS PAR M. DE MONTYON.

1° Eloge de Michel de l'Hôpital, qui obtint le deuxième accessit. Paris, 1777, in-8°.

2° Recherches et Considérations sur la population de la France. Paris, 1778, in-8°. (Voir le *Journal des Savans*, mai 1779.)

3° Mémoire présenté au roi, au nom de M. le comte d'Artois, le prince de Condé, le duc de Bourbon, etc. 1788, in-8°.

4° Rapport fait à S. M. Louis XVIII sur le principe de la monarchie française, contre le *Tableau de l'Europe de Colonne*. Londres, 1796, in-8°.

5° Question sur le jugement qui devait être porté sur le dix-huitième siècle, proposée par l'académie de Stockholm. Le mémoire de M. de Montyon obtint le prix en 1801.

6° Quelle influence ont les diverses espèces d'impôt sur la moralité, l'activité et l'industrie des peuples? Question proposée par la société royale de Gottingue, en 1806.

7° Eloge de Corneille, proposé par l'Institut, en 1808.

8° De l'état actuel du Tunquin, de la Cochinchine, etc.; notes de M. de la Bissachere, rédigées par M. de Montyon. Londres, 1810.

9° Particularités et Observations sur les ministres des finances de France, depuis 1660, jusqu'en 1790. Paris, Le Normant. 1812, in-8°.

FONDATIONS CHARITABLES

ET PRIX D'UTILITÉ PUBLIQUE INSTITUÉS PAR M. DE MONTYON.

1º En 1780, il fonda un prix annuel pour des expériences utiles aux arts, sous la direction de l'académie des sciences, et il y consacra une rente perpétuelle sur le clergé, au capital de 12,000 fr.

2º En 1782, un prix annuel en faveur de l'ouvrage de littérature dont il pourrait résulter un plus grand bien pour la société, au jugement de l'académie française, rente sur la tête du roi, au capital de 12,000.

3º Même année (1782), un prix en faveur d'un mémoire ou d'une expérience qui rendrait les opérations mécaniques moins malsaines pour les artistes et pour les ouvriers, au jugement de l'académie des sciences; une rente viagère sur la tête du roi et de Monseigneur le Dauphin, au capital de 12,000 fr.

4º En 1783, aux pauvres du Poitou et du Berry, 12,000 f.

5º Même année (1783), 600 fr. de rente viagère à un homme de lettres que le donateur ne connaissait pas, et qui n'a pas su lui-même de qui il recevait 8,000 fr.

6º Même année, un prix en faveur d'un mémoire, soutenu d'expériences, tendant à simplifier les procédés de quelques arts mécaniques, au jugement de l'académie des sciences; une rente viagère sur la tête du roi et celle de Monseigneur le Dauphin, au capital de 12,000 fr.

7º Un prix pour un acte de vertu d'un Français pauvre; rente sur le clergé, au capital de 12,000 fr.

8º En 1787, un prix annuel sur une question de médecine, au jugement de l'Ecole de médecine; une rente perpétuelle sur le clergé, au capital de 12,000 fr.

9º Mille actes de charité, dont il a fait disparaître la trace.

10º Enfin son testament.